Nicola Davies

Fyny Fry

Darluniau Cathy Fisher

GRAFFEG bach

Hyd yn oed cyn iddo dynnu'r papur lapio oddi ar y bocs tenau, hir, roedd Colin yn gwybod beth oedd ynddo. Dryll. Nid un tegan, fel yr un oedd ganddo pan oedd o'n chwech oed, ond reiffl aer go iawn – un a fyddai'n tanio bwledi bach plwm. Roedd Colin wedi gwirioni cymaint, doedd o ddim yn medru siarad.

'Wel, byddai "diolch yn fawr" yn reit braf,' meddai Andrew, ei frawd hŷn, gan wenu.

Gwenodd Colin yn ôl, yna cododd y dryll ac esgus tanio bwledi i bob cornel o'r stafell.

'Bang! Bang! Bang!'

'Ie!' chwarddodd Andrew. 'Bang! Bang! Bang!'

Yn yr holl gyffro, fe dynnodd Colin y triger. Doedd dim bwledi yn y dryll ond gwnaeth sŵn *crac* uchel. Daeth Mam drwy'r drws a bron gollwng yr hambwrdd roedd hi'n ei gario. Sleidiodd y llestri i un ochr, a dechreuodd cacen pen-blwydd Colin lithro tuag at y llawr.

'Nefi wen, beth ydych chi'n feddwl chi'n ei wneud?'

'Edrycha, Mam! Mae Andrew wedi prynu reiffl aer i fi – un go iawn!'

'Galla i weld hynny.'

Doedd Mam ddim yn edrych yn rhy hapus. Gosododd yr hambwrdd i lawr a sefyll, gan groesi ei breichiau. Syllodd ar Andrew.

'Beth ddaeth dros dy ben di, Andrew? Mae Colin yn rhy

ifanc i gael hwn – mae'n erbyn y gyfraith!'

'Paid poeni, Mam! Pwy sy'n mynd i'w weld o allan yn y caeau? Fydd o ddim yn saethu bwledi drwy ffenest gorsaf yr heddlu, yn na fydd?'

Allai Colin ddim stopio chwerthin. Byddai Andrew yn dweud pethau doniol fel'na yn aml; roedd yn un o'r rhesymau pam roedd Colin yn hoff ohono. Ond doedd Mam ddim yn chwerthin. Roedd ei cheg fel llinell syth – yr un llinell syth â cheg ei frawd. Cydiodd Mam yn y reiffl a'i gipio o ddwylo Colin.

'O Maa-aam,' cwynodd Colin.

'Sorri, Col. Gei di o 'nôl pan fyddi di'n bedair ar ddeg.'

'Ond mae tair blynedd tan hynny!' Roedd llais Andrew yn galed ac yn uchel. Safodd yn syth a chamu at ei fam. Roedd Andrew wedi tyfu mor dal, prin roedd hi'n cyrraedd at ei ên.

'Na,' mynnodd. 'Na. Dwi wedi bod yn cynilo fy mhres er mwyn prynu hwn ac mae fy mrawd bach yn mynd i'w gael o – rŵan!'

Roedd wyneb Mam yn wyn a'i llygaid yn fawr, ond wnaeth hi ddim gweiddi yn ôl ar Andrew. Siaradodd yn dawel ac yn araf iawn, fel petai pob un gair yn ynys fach yn y môr o dawelwch a lenwai'r stafell fyw.

'Dwi am roi'r reiffl yn ddiogel yn rhywle,' meddai hi. Aeth allan o'r stafell a chau'r drws.

Galwodd Andrew enw cas ar ei fam, ac ychwanegodd Colin,

'Ie, dyna yw hi!' ond doedd o ddim yn ei feddwl go iawn.

Syllodd Colin ar y patrwm rhosod oedd wedi pylu ar y mat o dan ei draed, lle roedd y cefn yn dod i'r golwg. Doedd o ddim yn siŵr sut y dylai deimlo. Doedd o ddim yn hoffi'r ffordd roedd Mam ac Andrew yn cweryla drwy'r amser. Edrychai Andrew mor fawr a Mam mor fach, ond roedd o wir eisiau'r reiffl aer.

Pan ddaeth Mam yn ôl arllwysodd hi'r te a chynnau'r canhwyllau ar y gacen. Canodd hi ac Andrew 'Pen-blwydd hapus' gyda'i gilydd wrth i Colin chwythu ar y fflamau. Wedyn fuon nhw'n gwylio'r teledu a rhoddodd Andrew goed ar y tân, gan wneud iddo ruo fel llew yn y grât. Ond rhywsut, roedd y stafell yn dal i deimlo'n oer.

Pan oedd hi'n amser mynd i'r gwely, plygodd Colin er mwyn rhoi cusan ar foch Mam.

'Diolch am y gacen,' meddai.

'Croeso, pwtyn.' Gwenodd. 'Cysga'n sownd, fy hogyn pen-blwydd.'

Daeth Andrew ar ôl Colin at waelod y grisiau.

'Paid poeni,' sibrydodd yn ei glust. 'Wna i ddod o hyd i'r reiffl! Wedyn, mi wna i dy ddysgu sut i'w ddefnyddio!'

Roedd Mrs Calvin yn darllen yn uchel i'r dosbarth – rhyw stori am ddewiniaid a chorachod. Roedd Colin yn casáu pob gair. Pam na allai hi ddarllen am rywbeth real, go iawn?

Edrychodd Colin allan drwy'r ffenest. Roedd yr awyr yn llwyd a'r pentre ger cae yr ysgol o'r golwg, bron, mewn niwl. Roedd hi'n dechrau tywyllu'n barod. A fyddai'n rhy dywyll i Andrew roi ei wers saethu gyntaf iddo? A fyddai Andrew yn medru dod o hyd i'r reiffl? Roedd stumog Colin yn glymau o gyffro a gofid.

'Colin! Colin! Colin!'

Safai Mrs Calvin wrth ei ddesg.

'Dwyt ti ddim wedi bod yn gwrando, wyt ti?' meddai.

Tu ôl i'w chefn roedd Martin Roberts yn dal darn o bapur uwch ei ben ac arno'r geiriau 'Colin Hocking, Twpsyn y Pentre'. Roedd y plant yn hanner gwenu ac yn tynnu stumiau ato, ond doedd dim gwahaniaeth gan Colin – roedd cloch yr ysgol wedi canu ac roedd o'n rhydd unwaith eto.

Roedd Colin i fod i wthio'i feic i lawr y llwybr garw a arweiniai at eu byngalo.

'Fedra i ddim fforddio teiars newydd os wyt ti'n mynd i'w malu nhw wrth fynd dros y tyllau,' byddai Mam wastad yn dweud.

Ond doedd Mam ddim i fod i gyrraedd adre am oriau ac oriau, ac roedd pic-yp Andrew tu allan i'r byngalo yn barod! Aeth Colin dros y tyllau a'r twmpiau, gan bedlo'n galed.

Whhhtt, plinc.

Daeth sŵn fel chwip, yna *clanc* metalaidd, o'r ardd gefn. Rhedodd Colin a gweld Andrew yn anelu'r reiffl at res o ganiau cwrw ar y wal.

'Roedd o dan ei gwely!' meddai Andrew. 'Hawdd!' Anelodd unwaith yn rhagor.

Whhhtt – daeth y sŵn eto, ond ddaeth dim *plinc*. Arhosodd y can ar y wal.

'Dwi angen ymarfer mwy!' meddai Andew. Tynnodd ar ei sigarét a'i chynnig i Colin. 'Wyt ti isio trio?'

Ysgydwodd Colin ei ben. Byddai Mam yn gwybod yn syth petai Colin yn ysmygu; byddai'n arogli ei wallt. A beth bynnag, doedd Colin ddim yn hoffi arogl rôl-yps od Andrew.

'Ocê, partner!' Gwenodd Colin. Roedd acen Americanaidd ei frawd yn sâl iawn ond yn ddoniol ar yr un pryd.

'Rho'r caniau cwrw mewn rhes i ni gael dechrau saethu o ddifri!' meddai Andrew gan iepian. Bloeddiodd Colin hefyd.

'Iii-ha!' meddai Andrew.

Doedd bwledi'r reiffl aer ddim yr un siâp â bwledi cyffredin. Roedd ganddyn nhw enw arbennig hefyd – haels. Pelenni â phen crwn oedden nhw, a chanol bach fel dynes dew mewn sgert. Roedd rhaid 'torri' y reiffl dros y pen-glin er mwyn ei agor, fel bod modd rhoi pelen yn dwt yn y baril. Wedyn byddai'r reiffl yn dod yn ôl at ei gilydd efo *crac* a byddai modd anelu drwy edrych ar hyd y baril at rywbeth tebyg i drwyn bach ar y pen. Pan fyddai'r trwyn a'r can cwrw mewn un llinell, byddai rhaid gwasgu'r triger yn araf a llyfn, heb adael i'r corff grynu. Ac wrth wasgu'r triger yn dynn byddai'n tanio – byddai'r aer yn y reiffl yn gwthio'r pelenni allan, *whhhttt.* Os oedd yr annel yn dda, byddai'n gwneud sŵn *plinc* metalaidd, a byddai'r can cwrw'n sboncio oddi ar y wal wrth i'r belen ei daro.

Ar y dechrau, roedd Colin yn cael sawl *whhtt* ond dim *plinc.* Roedd y reiffl yn ysgwyd wrth iddo ei ddal, a doedd o ddim yn medru gweld unrhyw linell syth i lawr y baril. Wrth ail-lenwi, byddai'n rhoi'r pelenni yn y baril o chwith. Ond fyddai Andrew ddim yn gwylltio. Byddai'n rholio sigarét arall ac yn esbonio eto, ac eto, beth oedd angen i Colin ei wneud.

'Rhaid i ti roi carn y reiffl yn erbyn dy ysgwydd. Dyna welliant. Yna tyrd â dy lygad i lawr at y baril. Dal o'n llonydd ... yna gwasga!'

Whhhttt, plincc.

Sbonciodd y can cwrw oddi ar y wal, a bloeddiodd Andrew.

'Gwych, partner. Tyrd i ni weld a allwn ni wneud hynna eto!'

Ail-lwythodd Colin y reiffl.

Whhhtt, plinc. Ac eto, *whhhtt, plinc, whhhtt, plinc.*

Saethodd Colin wyth can oddi ar y wal, un ar ôl y llall. Gosododd Andrew'r caniau yn ôl yn eu lle, ac o fewn eiliadau roedd Colin wedi'u taro i'r llawr eto. Chwarddodd Andrew ac ysgwyd ei ben.

'Grêt!' meddai. 'Gymerodd hi fisoedd i mi wneud hynna! Waw, hogyn, ti wedi'i deall hi!'

Gwenodd Colin. Ni allai gredu'r peth. Doedd o erioed wedi dod o hyd i ddim byd y gallai ei wneud, heb orfod trio go iawn.

Aeth yn rhy dywyll iddyn nhw saethu, felly aeth y ddau i'r tŷ. Ar ôl ei lanhau sleidiodd y bechgyn y reiffl yn ôl yn ofalus o dan wely Mam.

'Ond ry'n ni'n gwybod lle mae o rŵan!' meddai Andrew â winc.

Cymerodd ddau gan o gwrw o'r oergell a'u hagor.

'Rhaid i ni ddathlu dy fod yn saethwr o fri!' meddai.

Eisteddodd y brodyr ar y soffa yn gwylio'r teledu ac yn yfed o'r caniau. Roedd pen Colin yn chwyrlïo gan hapusrwydd. Roedd yn 'saethwr o fri'; yn well na'r rhan fwyaf o oedolion.

A dyma fo, yn yfed gyda'i frawd mawr, fel petaen nhw wedi dod i'r tŷ ar ôl bod yn gweithio allan yn y caeau.

Roedden nhw'n dal i ddathlu pan ddaeth Mam adre o'r gwaith. Cerddodd i mewn i'r stafell fyw a switsio'r golau ymlaen.

'Beth sy'n digwydd fan hyn?'

Edrychodd ar y caniau cwrw gwag a'r pacedi creision.

'Wnaeth rhywun feddwl am roi'r swper yn y ffwrn?'

Gan deimlo'n euog, cofiodd Colin am y nodyn ar fwrdd y

gegin: Angen rhoi'r pei yn y ffwrn, marc nwy 5.

Roedd ar fin ymddiheuro pan ddwedodd Andrew, 'Anghofia am y pei, Mam. Does dim ots. Gallwn ni gael sglodion o'r dafarn os byddwn ni'n llwglyd.'

Diffoddodd Mam y teledu'n sydyn a sefyll o flaen y soffa, gan syllu'n galed ar Andrew.

'Dwi'n gobeithio nad wyt ti wedi bod yn rhoi cwrw i Colin?!' meddai.

'Paid gwylltio, Mam,' meddai Andrew. Ond roedd Mam wedi gwylltio'n barod.

'Beth ddaeth dros dy ben di, yn rhoi alcohol i blentyn bach?'

Siaradai hi fel petai Colin ddim yno, neu fel petai'n fabi oedd angen cael ei fwydo â llwy. Yn sydyn, teimlodd Colin yn flin iawn â Mam. Edrychodd arni, yn sefyll yno a'i chôt yn dal amdani, y gwynt a'r glaw wedi gwneud ei gwallt yn glymau blêr. Edrychai, meddyliodd Colin, fel gwrach yn un o straeon gwirion Mrs Calvin.

'Fi wnaeth ddewis yfed y cwrw,' meddai Colin wrthi. 'Wnaeth Andrew ddim fy ngorfodi!' Yna camodd yn swnllyd i fyny'r grisiau, heb ddweud nos da wrth neb.

Roedd y creision a'r swigod cwrw yn troi yn stumog Colin ac yn ei gadw'n effro. Clywodd Andrew yn gadael y tŷ am 5 er mwyn mynd i odro, yna cysgodd nes i'w fam guro ar ei ddrws.

'Rhaid i mi fynd i'r gwaith nawr, Col. Brysia, neu byddi di'n hwyr i'r ysgol!'

Caeodd drws y cefn a chrensiodd olwynion beic Mam ar gerrig mân y llwybr. Roedd gan Colin, felly, lai na hanner awr i wisgo, bwyta ei frecwast a chyrraedd yr ysgol ar ei feic. Gorweddodd yn llonydd a gwrando ar y tawelwch drwy'r tŷ. Meddyliodd am yr enwau roedden nhw'n ei alw yn yr ysgol – 'hambon', 'twpsyn', 'gwas bach'. Meddyliodd am Mam yn ei alw'n 'blentyn bach'. Byddai'n dangos iddyn nhw nad oedd o'n un o'r pethau yna. Colin, saethwr o fri, oedd o. Beth am hynny?

Yn gyflym, gwisgodd hen bâr o jîns a siwmper gynnes, yna bwytodd ddarn o'r pei oer yn syth o'r plât, gan adael ei lwy fudr yn y canol, fel polyn fflag. Byddai Mam yn flin wrth weld hyn. Da iawn. Gwisgodd ei fŵts ac yna cofiodd nad oedd wedi nôl y reiffl. Aeth i mewn i lofft Mam heb ffwdanu i dynnu'r bŵts mwdlyd, gan adael olion traed budr dros y carped. Roedd y reiffl lle roedd o ac Andrew wedi'i adael, o dan y gwely wrth yr hen babell a'r cot oedd gan y brodyr pan oedden nhw'n fabis. Roedd y pelenni yn oferôls Andrew oedd yn hongian ar fachyn wrth ddrws y cefn. Cymerodd Colin ddyrnaid a'u gwthio i'w bocedi.

Gwisgodd ei siaced a gadael y tŷ. Caeodd y drws yn glep y tu ôl iddo a chofiodd fod ei allwedd ym mhoced ei drywsus ysgol. Cododd ei ysgwyddau'n ddi-hid. Pa ots? Gallai saethu ei ginio petai o'n llwglyd a'i goginio ar dân agored yn y caeau. Gallai fod yn anturiwr, yn fforiwr, yn arloeswr. Doedd angen dim arno heblaw ei reiffl.

Dringodd dros y sticil ar waelod yr ardd a gadael ei fore arferol yn bell ar ei ôl. O'i flaen roedd y gwrychoedd trwchus, y coedwigoedd cyfarwydd, a llinellau crwm y bryniau a'r caeau; roedd y cyfan yn sydyn mor ddeniadol â chyfandir newydd sbon.

Doedd Colin erioed wedi cymryd llawer o sylw o'r wlad o'i gwmpas o'r blaen. Dyma'i gartref. Pan nad oedd yn yr ysgol hoffai fynd ar ei feic ar hyd y lonydd, yn dychmygu ei fod yn gyrru'r moto-beics pwerus a'r ceir cyflym y breuddwydiai ei frawd amdanyn nhw. Weithiau byddai'n cael tro yn y tractor newydd roedd Andrew yn ei yrru ar y fferm. Roedd gwresogydd a radio yn y tractor; gallech gau drws y cerbyd a bod yn eich byd bach eich hun, yn uchel uwchben y mwd a'r pyllau dŵr. Byddai Mam yn mynd am dro drwy'r caeau pan na fyddai'n gweithio. Byddai hi'n casglu blodau'r ysgaw er mwyn gwneud diod yn y gwanwyn, a mwyar duon er mwyn gwneud tarten yn yr hydref, ond weithiau byddai'n 'mynd am dro'. Doedd Colin erioed wedi deall apêl hynny.

Ond nawr roedd o'n heliwr, ac roedd rhaid i helwyr gerdded a sylwi ar bethau. Roedd dod o hyd i fwyd – i helgig – yn anodd. Doedd adar ac anifeiliaid ddim am gael eu gweld. Gwyddai Colin fod rhaid iddo stelcian o le i le a defnyddio'i lygaid a'i glustiau mewn ffordd nad oedd wedi'u defnyddio o'r blaen. Felly sylwodd yn ofalus ar y cymylau'n rasio heibio gan greu cysgodion ar hyd llethrau'r bryniau, a lliwio'r brigau a'r canghennau noeth yn borffor.

Gwnaeth ei orau i gofio beth roedd wedi'i weld ar raglenni natur a bywyd gwyllt. Cuddliw. Roedd hwnnw'n bwysig – bod eich dillad yr un lliw â'ch cefndir fel bod anifeiliaid ddim yn medru eich gweld. Doedd ei siaced ddu ddim yn rhy ddrwg o ran hynny, ond roedd ei jîns glas golau'n anobeithiol. Safodd a rhwbio mwd dros y lliw glas glân. Rhaid bod ei wyneb yn edrych yn wyn. Rhwbiodd fwd dros hwnnw hefyd. Teimlai'n grêt cael bod yn fudr yn fwriadol.

Roedd bod yn dawel yn bwysig hefyd, felly cerddodd yn ddistaw i fyny'r llethr, gan osgoi sefyll ar y brigau.

Cyrhaeddodd Colin y goedlan fach ar dop y cae a sleifio rhwng y boncyffion. Rhaid bod rhywbeth i'w fwyta fan hyn! Gwell llwytho'r reiffl yn barod. Agorodd y reiffl dros ei ben-glin. *Crac!* Roedd y sŵn mor uchel yn y tawelwch! Rhaid bod pob un anifail am filltiroedd wedi'i glywed. Chwiliodd drwy ei bocedi am y pelenni bach – roedd hyd yn oed defnydd ei ddillad yn swnllyd wrth iddo dwrio.

Gyda'r reiffl yn barod, safodd yn gwbl stond a gwrando. Symudai'r gwynt y brigau yn y coed uchel gan greu sŵn trist, fel ochenaid. Symudodd rhywbeth yn y gwrych o'i flaen – siâp, anifail! Cododd y reiffl a thynnu'r triger. Aeth y belen drwy'r cwlwm o frigau – *ffytt* – a syrthiodd deilen fawr sych i'r ddaear o flaen Colin. Ail-lwythodd y reiffl ac aros i'r tawelwch ddychwelyd. Ond yr eiliad y symudodd, gwnaeth yr holl sŵn eto. Roedd cerdded yn dawel dros ddail crin yn amhosib. Crensiodd i ochr arall y goedlan, yn flin ag o'i hun am y twrw roedd yn ei greu.

Roedd cerdded ar hyd ochr y goedlan yn llawer haws. Gallai symud yn dawel drwy'r glaswellt gwlyb ac edrych trwy'r coed rhag ofn y gwelai rywbeth yn symud yno. Cerddodd yn ofalus i fyny ac i lawr ochr y goedwig am oes, yn siŵr y byddai rhywbeth mawr yn llamu o'r llwyn ac yn gadael iddo ei saethu. Ond ddaeth dim.

Dechreuodd fwrw glaw. Nid oedd fawr o gysgod i'w gael gan y coed di-ddail, felly rhedodd Colin ar draws cae ac at hen ysgubor. Roedd yn hyfryd cael sefyll mewn man sych, a chlywed y dŵr yn pitran-patran ar y to sinc wrth iddo edrych allan ar y byd gwlyb. Gwyliodd Colin y gawod yn symud dros un bryn ac ymlaen at fryn arall. Roedd fel llenni llwyd, niwlog yn troi i gyfeiriad y gwynt, ac un yn mynd y tu ôl i'r llall wrth i'r glaw ledu. Gallai Colin hyd yn oed weld y glaw yn dod o ochrau carpiog y cymylau. Roedd wedi'i ryfeddu.

Yna, bron mor sydyn ag y dechreuodd, stopiodd y glaw. Edrychai'r cymylau ysgafn yn wag, a diflannodd y llenni, fesul un, nes gadael un yn unig ar ôl. Gwthiodd y gwynt honno i ffwrdd a daeth ton o heulwen lachar o'r awyr. Syllai Colin mewn syndod.

Yna, yng nghanol y disgleirdeb, yn agos ato, daeth chwyrlïad o gyffro. Wrth i lygaid Colin ddechrau arfer â'r heulwen gwelodd adenydd yn plygu ac ysgwyd. Roedd haid o adar wrthi'n glanio reit o flaen ei guddfan yn yr ysgubor. Meddyliodd am enw pob aderyn roedd wedi clywed amdano erioed – robin, aderyn du, bronfraith, pioden ... Doedd Colin ddim yn meddwl bod yr un o'r enwau yma'n addas ar gyfer yr adar tew, bodlon yr olwg hyn, a'u coleri gwyn smart a'u cefnau llwyd taclus.

Doedd o ddim wedi dychmygu saethu rhywbeth mor fach ag aderyn. Ond roedd yr adar yma'n reit fawr – a doedden nhw ddim yn medru ei weld o fan hyn, yng nghysgodion yr hen ysgubor. Byddai'r cyfan yn gymaint o sioc iddyn nhw!

Yn araf, araf bach aeth Colin i'w gwrcwd a gosod y reiffl ar hen fêls gwair o'i flaen. Yna edrychodd i lawr y baril hir er mwyn cael annel syth at yr aderyn. Ond cyn iddo fedru tanio, cododd yr adar o'r ddaear. Symudai eu hadenydd yn ôl ac ymlaen o ochrau eu cyrff gyda sain sydyn, fel petai rhywun yn clapio. Roedd y siapiau crwn llyfn, oedd yn ei gwneud hi mor hawdd i Colin anelu, wedi mynd ac roedd popeth ar symud. Chafodd o ddim amser i wybod beth ddigwyddodd; yr unig beth a wyddai oedd bod ei gyfle'n hedfan oddi wrtho. Hoeliodd ei sylw ar un siâp tywyll a symudai drwy'r haid o adar fel saeth dew. Anelodd y reiffl a thynnu'r triger. *Thhwaccc.* Disgynnodd y siâp tywyll drwy weddill yr haid.

Teimlai gwaelod stumog Colin fel petai wedi syrthio i'r llawr. Roedd wedi saethu rhywbeth. Saethu rhywbeth go iawn.

Neidiodd Colin dros y bêls tuag at ganol y cae. Yno, yn y glaswellt, roedd yr aderyn roedd wedi'i saethu. Doedd o ddim wedi marw. Gorweddai ar ei gefn gyda'i adenydd ar led. Nid oedd yn greadur tew, bodlon yr olwg. Edrychai hwn yn ffyrnig! Camodd Colin yn ei ôl yna safodd yn stond, yn syllu arno.

Roedd gan yr aderyn goesau tenau melyn a chrafangau ar ei draed fel nodwyddau wedi'u plygu. Rhedai streipiau lliw cnau castan dros ei frest a rhesi o frown drwy ei adenydd. Ond ei wyneb oedd y peth mwyaf rhyfeddol amdano. Roedd ganddo big fer, siâp bachyn, fel trwyn person blin, a dau lygad oren llachar. Curai ei adenydd yn erbyn y ddaear, ei grafangau'n gwingo. Agorodd ei big a rhoi sgrech, ei lygaid yn llosgi â gwylltineb.

Doedd gan Colin ddim syniad beth i'w wneud. Doedd hyn yn ddim byd tebyg i'w freuddwyd niwlog am sut fyddai'n teimlo i saethu rhywbeth a'i goginio. Roedd gormod o ffyrnigrwydd yn y creadur yma iddo fedru ei fwyta! A doedd o ddim hyd yn oed yn farw. O leiaf gallai Colin wneud rhywbeth am hynny. Ail-lwythodd y reiffl a symud mor agos ag y mentrai at yr aderyn wrth i hwnnw sgrechian ato. Anelodd yn ofalus. Pwyntiodd y reiffl at y frest streipiog, yna at y pen, rhwng y ddau lygad oren. Llenwai'r llygaid hynny ei olwg yn llwyr; roedd fel syllu i ganol fflam o dân eirias.

Stopiodd yr aderyn sgrechian. Roedd ei gôt berffaith o blu'n grychiog ac roedd yn anadlu'n swnllyd. Yna caeodd ei lygaid, dim ond am eiliad, a chrynu'n sydyn. Er ei ffyrnigrwydd, sylwodd Colin fod yr aderyn yn edrych yn fach a gwan.

Gollyngodd y reiffl; crynai ei ddwylo cymaint fel na allai ei ddal mwyach. Gwelodd fod smotyn o waed ar adain chwith yr aderyn, a hwnnw'n tyfu. Sut allai o fod wedi gwneud hyn? Yn sydyn, allai Colin ddim goddef y syniad mai ef oedd ar fai fod y creadur gwyllt hyfryd hwn yn mynd i farw.

Roedd angen cadw pobl oedd wedi bod mewn damwain yn gynnes. Roedd wedi clywed ei fam yn sôn am hynny. Rhaid cadw breichiau a choesau oedd wedi'u torri yn llonydd. Efallai fod hyn yn wir am adar hefyd. Tynnodd Colin ei gôt a'i siwmper. Yn dyner, rhoddodd y siwmper am yr aderyn. Gafaelodd y crafangau ynddi fel petaen nhw am wasgu pob diferyn o fywyd o'r gelyn. Roedd Colin wedi codi sawl iâr pan arferai ei fam eu cadw; gobeithiai ei fod yn cario'r aderyn hwn yn y ffordd iawn. Lapiodd freichiau'r siwmper o amgylch yr aderyn, gan greu math o barsel. Yna gwisgodd ei gôt, rhoi'r aderyn yn ddiogel y tu mewn iddi, a dechrau rhedeg.

Gwibiodd ar y beic mor sydyn ar hyd y lonydd ac i'r pentre nes y meddyliodd y byddai ei galon yn ffrwydro. Doedd dim pwrpas cuddio rhag yr ysgol – roedd tŷ'r milfeddyg gyferbyn â'r iard chwarae ac roedd hi'n amser egwyl. Gwelodd pawb Colin yn rhedeg i'r feddygfa.

Doedd neb yn y stafell aros ac roedd y derbynnydd wedi mynd adre. Tad Martin Roberts oedd y milfeddyg, ond doedd dim modd gwneud dim am hynny. Roedd y milfeddyg wrthi'n golchi ei ddwylo yn un o'r sinciau mawr oedd yn y stafell driniaeth.

'Plis,' meddai Colin. 'Plis helpwch. Mae wedi cael ei saethu.'

Doedd Mr Roberts ddim yn debyg iawn i'w fab. Ddwedodd o ddim byd cas, hyd yn oed pan ddwedodd Colin ei enw. Wnaeth o ddim ei alw'n dwpsyn chwaith am beidio gwybod pa fath o aderyn oedd ganddo. Yr unig beth wnaeth y milfeddyg oedd cymryd y parsel gwlanog a'i agor. Dechreuodd yr aderyn sgrechian eto.

'O,' meddai Mr Roberts, 'aderyn ysglyfaethus – gwalch glas, yn ôl ei sŵn. Reit.'

Gwisgodd bâr o fenig lledr trwchus a gwenu ar Colin.

'Maen nhw'n medru creu tipyn o ddifrod pan maen nhw'n flin. Ac mae hwn yn swnio'n flin iawn.'

Ceisiodd y gwalch glas guro'i adenydd wedi iddo ddod allan o'r parsel, ond plygodd Mr Roberts ei adenydd yn erbyn ei gorff a'i ddal yn dynn ag un llaw.

'Ara deg, eneth fach,' meddai.

'Sut ydych chi'n gwybod mai merch yw hi?'

'Ei lliw – mae cefn y gwryw – neu'r bachgen – yn lliw llwyd tywyll. A'i maint. Mae'r gwryw'n dipyn llai na'r fenyw. Ddim fel pobl!'

Rhoddodd y milfeddyg bâr o fenig lledr i Colin i'w gwisgo a dangos iddo sut i ddal y gwalch glas, fel roedd e'n ei dal. Roedd rhaid i Colin ddefnyddio'i ddwy law a gwingai'r aderyn, ond daliodd Colin hi'n dynn.

'Cofia mai ei dal hi rwyt ti angen gwneud, nid ei gwasgu.'

Estynnodd Mr Roberts am ganister nwy â thiwb hir, gyda masg bach yn sownd wrtho.

'Rhaid i ni ei rhoi i gysgu fel nad yw hi'n symud gormod a brifo'i hunan.'

Ymhen eiliad, roedd y gwalch glas yn llipa yn nwylo Colin.

'Reit, gad i ni gael golwg arni.'

Rhoddodd y milfeddyg yr aderyn i orwedd ar y bwrdd yn y stafell driniaeth a lledodd ei hadenydd.

'Mmmm,' meddai, 'mae rhyw lembo wedi bod allan efo reiffl aer.'

Teimlai Colin ei fochau'n cochi.

'Ble wnest ti ei ffeindio hi?'

'Yn y cae wrth y tŷ – Bryn Awel Bach.'

'O ie, dwi'n nabod dy frawd Andrew, mae'n helpu efo'r

gwartheg ar fferm Brynawel.'

Cododd Mr Roberts ei ben. 'Ai fe sy wedi bod wrthi?'

Ysgydwodd Colin ei ben. Edrychodd y milfeddyg yn ofalus arno.

'Wnest ti ei saethu?'

Nodiodd Colin yn ddigalon. Edrychodd ar y leino gwyrdd ar lawr.

Ochneidiodd Mr Roberts.

'Wel,' meddai, 'o leia ti'n onest. Ti'n gwbod, yn dwyt, ei bod hi'n erbyn y gyfraith i rywun dy oedran di gael reiffl aer?'

Nodiodd Colin eto.

'A dwi'n cymryd na elli di fforddio talu am y driniaeth yma?'

Daliodd Colin i edrych ar y leino gwyrdd, ond gwnaeth ei orau i ateb yn ddewr.

'Na,' meddai, 'ond galla i weithio. Tasgau bach – fel garddio. Mi wna i rywbeth i'ch helpu, dim ond eich bod chi'n gwneud yr aderyn yn well ... plis.'

'Olreit ... dyma be wnawn ni. Ti wnaeth ei brifo. Nawr rhaid i ti ei gwella. Ti'n mynd i drwsio ei hadain.'

Edrychodd Colin ar Mr Roberts yn syn.

'Dere, wnest ti'n dda i ddod â hi yma wedi'i lapio. Dwi'n meddwl bod gennyt ti allu naturiol – ddangosa i ti beth i'w wneud.'

Roedd y belen o'r reiffl aer wedi torri asgwrn yn rhan waelod yr adain chwith ac wedi gadael clwyf cas ar ei hôl. Golchodd Colin y gwaed o'r clwyf â gwlân cotwm ac

antiseptig, yna tocio'r plu fel bod y milfeddyg yn medru gweld y twll wnaeth y belen ei greu. Cymerodd Colin y pliciwr bach roddodd Mr Roberts iddo a thynnu'r belen; doedd hi ddim wedi mynd yn rhy ddwfn i'r cnawd ac mi ddaeth allan yn lân. Yna helpodd Colin y milfeddyg i osod sblint er mwyn dal dau ben asgwrn yr adain at ei gilydd.

'Wyt ti'n gallu gwnïo?' gofynnodd Mr Roberts.

'Tamed – botymau ac ati.'

'Reit, cei di wnïo'r clwyf er mwyn ei gau.'

Roedd creu pwythau trwy gnawd anifail yn deimlad od, ond tynnai'r edau feddygol y croen at ei gilydd gan gau twll y belen, fel rhoi patshyn ar drywsus.

'Gwaith da, Colin,' meddai Mr Roberts, 'nawr rhaid i ni wneud yn siŵr na fydd hi'n trio fflapian nes bod yr asgwrn wedi'i drwsio!'

Daliodd Colin yr aderyn diymadferth tra bod y milfeddyg yn rhwymo'r adenydd yn erbyn ei chorff.

'Wnawn ni ei rhoi hi mewn cawell tywyll, cyfforddus fel ei bod hi'n gorffwys wrth iddi ddeffro o'r anasthetig. Dere di heibio ar ôl ysgol fory a gweld sut fydd hi erbyn hynny.'

Nodiodd Colin yna syllodd ar y llawr eto. Wyddai o ddim beth i'w ddweud; doedd 'diolch' ddim yn teimlo'n ddigon, rhywsut.

'Paid poeni amdani,' meddai Mr Roberts. 'Gallai pethau fod wedi bod yn waeth. Mae'n dda dy fod yn well milfeddyg na heliwr!'

Roedd Colin mewn trafferth y diwrnod canlynol – gyda Mam a'r ysgol am beidio â mynd yno, a gydag Andrew am adael y reiffl yng nghanol y cae (er bod Mam yn dweud ei fod yn haeddu hynny am gael anrheg mor wirion). Ymddiheurodd Colin wrth bawb. Ac roedd yn flin iawn ganddo am bopeth, ond doedd yr un roedd am ymddiheuro fwyaf wrtho ddim yn ei ddeall: y gwalch glas.

Aeth Colin i'w gweld bob dydd ar ôl ysgol. Roedd ei chawell ar waelod gardd y teulu Roberts, y tu ôl i'r feddygfa. Roedd un ochr o'r cawell wedi'i chau fel na allai'r gwalch glas gael ofn wrth weld pobl. Edrychai Colin arni drwy dwll bach, a rhoi bwyd iddi drwy hatsh gul.

Ar y dechrau, eisteddai'r aderyn ar glwyd, yn llonydd yn ei chwman. Pan roddai Colin fwyd iddi – darn o gig cwningen – chymerai hi ddim sylw. Y llygaid oedd y peth gwaethaf – fel petai'r tân ynddyn nhw wedi hen ddiffodd.

Ond fesul diwrnod, daeth ei chwant bwyd yn ôl, a dechreuodd drydar yn llawn cyffro pan fyddai'r hatsh yn agor wrth i Colin wthio'r cig tuag ati. Eisteddai'n effro ar ei chlwyd a'i choesau hir yn syth a'r plu drostyn nhw'n daclus, fel legins streipiog. Roedd y llygaid oren hardd yn llawn golau eto, fel dwy fflam.

Ar ôl wythnos, roedd hi wedi tynnu'r rhwymyn a rhyddhau ei hadenydd. Roedd y plu dros y clwyf wedi tyfu yn ôl, ac er eu bod wedi troi'n wyn, roedden nhw'n llyfn ac iach. Edrychai Martin arni drwy'r twll yn ochr y cawell, yn gobeithio y byddai'n estyn ei hadenydd a'u fflapio, yn ysu i'w defnyddio eto. Ond wnaeth hi ddim. Pan fyddai'n rhoi bwyd iddi, byddai'n hopian i lawr ato o'r glwyd, fel petai hi wedi anghofio bod adenydd ganddi.

'Pam nad yw hi'n hedfan?' gofynnodd Colin i'r milfeddyg.

'Yn aml, dyw adar ddim yn gwneud ar ôl cael anaf. Bydd rhaid iddi fynd i'r sw os na all hi hedfan.'

Arswydodd Colin.

'Sw!'

'Wel, all hi ddim byw tu ôl i'r feddygfa am byth, waeth faint wyt ti'n fy helpu!'

Aeth Colin adre ar y beic, yn teimlo'n ddigalon iawn. Roedd rhaid iddi hedfan. Rhaid bod yna ffordd. Erbyn iddo gyrraedd adre, roedd ganddo gynllun. Esboniodd y cyfan wrth ei fam ac Andrew amser swper.

'Petai hi'n medru gweld lle roedd hi'n arfer byw,' meddai, 'falle byddai'n cofio sut i hedfan.'

'Wel, fe allai weithio,' meddai Mam.

'Lle wyt ti'n mynd i'w chadw? Yn y cwt ieir?' Hanner gwenodd Andrew drwy lond ceg o sglodion.

'Ro'n i'n meddwl y gallen ni adeiladu cawell iddi, un mawr. Mae rholyn o weiren a darnau o hen bren yn y sied.'

'Ni? Pwy yw'r "ni" yma?' gofynnodd Andrew. Edrychai'n ddoniol a'i aeliau ar i fyny nes eu bod o'r golwg yn ei wallt.

Gwenodd Colin.

'Ti a fi,' atebodd. 'Partner!'

Gwnaeth Andrew ei orau i edrych yn flin, ond methodd.

'Ar ôl yr holl drafferth wnest ti greu wrth fynd â'r reiffl 'na ...'

'A'r trafferth wnest ti greu wrth ei brynu yn y lle cynta, Andrew,' meddai Mam, gan ddwyn un o sglodion Andrew o'i blât.

'Dwi'n cael dim parch yn y tŷ 'ma,' meddai.

'Druan â ti,' meddai Mam. 'Diolch byth ein bod ni'n dy garu, wir.'

Treuliodd y brodyr eu dydd Sadwrn cyfan yn adeiladu'r cawell.

'Dwi am iddo fod yn iawn iddi,' dwedodd Colin wrth ei frawd. 'Dwi wedi darllen llyfr am gadw adar – daeth Mam ag o o'r llyfrgell i mi.'

'Darllen? Ti?' meddai Andrew. 'Byddi di'n sgwennu nesa. Dere, Mr Brêns, mae angen rhoi mwy o weiren ar y cawell os ydyn ni am gael lle i dy gariad fedru hedfan.'

Wedi iddi dywyllu, daeth Mr Roberts â'r gwalch glas a'i rhoi ar y glwyd yn y cawell mawr, newydd.

'Dwi wedi dod â'i bowlen hi,' meddai. 'Maen nhw'n hoffi pethau cyfarwydd. Symudwch y bowlen yn bellach oddi wrthi bob dydd – falle gwnaiff hynny ei pherswadio i hedfan.'

Roedd gan y milfeddyg gwningod marw iddi hefyd.

'Rhowch wybod sut mae'n mynd,' meddai, 'a bydda i'n

dal angen help weithiau yn y feddygfa, cofia!'

Rhoddodd y ddau frawd hen sachau fel gorchudd dros gefn y cawell fel na allai'r aderyn weld pobl yn mynd a dod yn y tŷ. Treuliodd Colin y rhan fwyaf o'r diwrnod yn edrych arni drwy'r tyllau yn y gorchudd, yn gweld a fyddai'n hedfan. Wnaeth hi ddim. Neidiodd at ei bowlen amser swper ac aeth hi ddim yn ôl i'w chlwyd. Cysgodd ar y ddaear. Poenai Colin petai cadno'n torri drwy'r weiren yn ystod y nos, byddai'n ei bwyta.

Erbyn chwech y bore canlynol roedd hi'n olau. Aeth Colin yn syth i weld y gwalch glas. Roedd hi'n cerdded o le i le drwy'r borfa ar waelod y cawell. Edrychai fel hen wreigan yn mentro i'r môr, ei ffrog wedi'i chodi i'w nicers. Roedd yn olygfa ddoniol, ond nid yn un urddasol. Roedd Colin am ei gweld yn hedfan fel aderyn go iawn. Penderfynodd beidio rhoi brecwast iddi, a meddyliodd am gynllun newydd ar ei chyfer erbyn diwedd y prynhawn.

Gyda help Mam, gwthiodd Colin y bwrdd adar i mewn i'r cawell. Sgrechiodd y gwalch glas a chuddio yng nghefn y cawell, ond pan dawelodd, rhoddodd Colin y bowlen las arferol, gyda darn o gig cwningen blasus ynddi, ar y bwrdd.

Os oedd yr aderyn am gael swper, roedd rhaid iddi hedfan.

Syllodd y gwalch glas ar y bowlen. Cerddodd o amgylch gwaelod y bwrdd adar a'i grafu â'i chrafangau hir. Gwnaeth sŵn trydar, yna cerddodd at ben y cawell a dechrau twtio'i phlu, ei chefn at y bwyd. Yna trodd a syllu ar y bowlen eto. Y tro hwn, tynhaodd ei hadenydd fel bod y cymalau'n syth ac yn sydyn dyma hi'n eu symud! Roedd yn fwy o herc nag o ehediad at y bwrdd, ond roedd yn ddechrau.

Bob prynhawn, am bythefnos, gosodai Colin fowlen fwyd y gwalch glas ar y bwrdd, a hedfanai hi o'i chlwyd i'r bwrdd ac yn ôl. Gyda phob ehediad gallai weld ei bod hi'n cryfhau.

Yna, un dydd ar ôl ysgol pan aeth Colin i'w bwydo, gwelodd fod ji-binc wedi mynd i mewn i'r cawell, gan hedfan o gwmpas, yn ceisio dod o hyd i ffordd allan. Gwyliodd Colin drwy'r twll er mwyn gweld beth wnâi'r gwalch glas. Llosgai ei llygaid fel crombil llosgfynydd a gwibiodd fel saeth ar hyd y cawell. Wrth i'r ji-binc hedfan yn gynt er mwyn dianc, symudai'r gwalch glas yn gynt hefyd. Fflachiai'r patshyn gwyn lle bu'r anaf wrth iddi gipio'r ji-binc yn ei chrafangau.

'Wir i ti, Colin,' meddai Mr Roberts, 'os yw hi'n medru hedfan a dal adar, mae'n barod.'

Sgubodd Colin y llwch yn bentwr ar lawr y feddygfa.

'Ond beth os nad yw hi'n ddigon cryf i hela bob dydd?'

'Dyna pam y byddi di'n gadael tameidiau o fwyd allan iddi ar y dechrau,' eglurodd Mr Roberts, 'nes iddi arfer eto. Dyna fydd hebogwyr yn ei wneud.'

Edrychodd Colin ar Mr Roberts. Hoffai glywed ffeithiau am hebogwyr. Gwenodd y milfeddyg.

'Mae'n gweithio, wir i ti. Mi fydd hi'n iawn. Ti wedi

gwneud yn arbennig o dda.'

Aeth Colin adre ar y beic, gan feddwl am y gwalch glas bob cam: ei llygaid lliw fflamau'r tân; ei phlu lliw hufen a brown; y ffordd y gallai droi mor sydyn i gipio'r ji-binc o'r awyr. Roedd hi wedi'i newid. Sylwai Colin ar bethau na sylwodd arnyn nhw o'r blaen: y barcud yn troelli yn yr awyr dros y bryniau; y cudyll coch yn hofran uwchben y caeau, ac un tro, gwalch glas yn gwibio o'i flaen wrth iddo fynd ar ei feic ar hyd y lôn. Hedfanai mor isel, gallai fod yn sglefrio ar y tarmac.

Doedd neb yn yr ysgol yn galw enwau arno rhagor. Yn lle hynny, byddai pawb yn ei holi am y gwalch glas. Beth oedd ei hoedran? Am ba hyd byddai'n byw? Oedd hi'n hela yn y gwyllt? Doedd Colin ddim yn gwybod yr atebion ar y dechrau, ond roedd wedi dysgu amdani. Roedd darllen yn ddefnyddiol os oedd yna bethau roeddech chi am eu gwybod. Ar ddiwedd un prynhawn, dwedodd Mrs Calvin nad oedden nhw'n mynd i gael stori, ond yn hytrach roedd Colin yn mynd i siarad am 'Adar Ysglyfaethus yr Ardal'. Roedd wedi sefyll o flaen y dosbarth cyfan a siarad.

Roedd pethau'n wahanol gartre hefyd. Doedd Mam ddim yn ei drin fel babi rhagor. Nawr, hyd yn oed pan oedd Andrew gartre, Colin fyddai'n dod â'r coed tân o'r sied, neu'n cario'r siopa.

'Wel, partner,' meddai Andrew yn ei acen Americanaidd sâl, 'mae'n braf cael dyn arall yn y tŷ!'

Amser bwyd, fyddai Andrew a Mam ddim yn cweryla, gan anwybyddu Colin fel roedden nhw'n arfer ei wneud. Bellach, byddai'r tri ohonyn nhw'n sgwrsio. Roedd Andrew wastad wedi gwneud iddyn nhw chwerthin, ond nawr byddai Mam yn gwneud iddyn nhw chwerthin hefyd wrth iddi adrodd straeon am y pethau gwirion roedd pobl yn ei gwaith hi'n eu gwneud. Siaradai'r tri am y gwalch glas hefyd. Hoffai Andrew a Mam glywed sut roedd hi'n dod i ben, gan fynd allan i edrych arni yn y cawell ambell waith. Am y tro cyntaf ers oesoedd, teimlai'r tri ohonyn nhw fel petaen nhw'n deulu.

Pan ddaeth Colin adre gadawodd ei feic wrth ddrws y cefn ac aeth i sbecian ar y gwalch glas drwy'r twll bach yng ngorchudd y cawell. Roedd hi'n eistedd ar y bwrdd, yn edrych ar y caeau a'r coed. Daliai ei hadenydd allan ychydig, ac roedd ei choesau wedi'u plygu, yn oedi, yn barod i roi naid a dechrau hedfan. Safodd Colin ar frigyn ar ddamwain a throdd yr aderyn tuag at y sŵn. Ni allai hi ei weld, wrth gwrs, ond gallai Colin ei gweld hi. Gallai syllu'n ddwfn i ganol ei llygaid o fflamau oren, tanllyd. Roedd Mr Roberts yn iawn. Roedd hi'n barod.

Yn dawel, aeth Colin i ochr arall y cawell a chodi clicied y drws yn dawel. Gwthiodd y drws ar agor â brigyn fel ei bod hi ddim yn ei weld. Bellach, doedd dim byd rhyngddi hi a'i rhyddid.

Ar y dechrau, roedd fel petai hi heb sylwi, yna tynnwyd ei sylw gan haid o ditŵod swnllyd yn un o lwyni'r ardd. Gwyliodd hi'r adar bach yn ofalus am eiliad neu ddwy ac yna, yn sydyn iawn, cododd o'r bwrdd adar. Mewn un ehediad llyfn, hir, roedd hi wedi mynd, gan hedfan yn isel dros y glaswellt, yna cododd yn ddidrafferth dros ffens. Dilynodd Colin ei siâp tywyll wrth i hwnnw fynd yn llai a llai, ar hyd y cloddiau, nes iddi fynd o'r golwg mewn cwlwm o ganghennau a'u blagur pitw o ddail newydd wrth iddi gyrraedd y goedlan.

Safodd Colin yno am amser hir, yn syllu i'r goleuni llachar. Wyddai o ddim a ddylai chwerthin, gweiddi neu lefain.

Gwelodd Colin hi'n dychwelyd i'r ardd unwaith i nôl darn o gig cwningen roedd wedi'i adael yn y cawell agored. Diflannodd darn arall o gig rai diwrnodau wedyn, ond doedd Colin ddim yn gwybod yn bendant ai'r gwalch glas oedd wedi'i gymryd. Daliodd ati i roi mwy o gig bob yn ail ddydd am fis cyfan, ond gadawyd y rhan fwyaf o'r darnau. Pan welodd Colin gadno yn ysgwyd y bwrdd adar er mwyn bwrw'r cig i'r llawr, stopiodd roi bwyd yn y cawell.

'Dwi'n siŵr ei bod hi'n iawn!' meddai Mam.

'Ydi,' meddai Andrew. 'Betia i ei bod hi'n bwyta llond ei bol o adar bach, nid hen ddarnau o gig cwningen o'n rhewgell.'

Ond doedd Colin ddim mor obeithiol. Poenai fod yr anaf wedi'i gwneud hi'n wan, ac er gwaethaf ei holl ofal ohoni, a'i ymgais i wneud iawn am ei gam gyda'r reiffl, gofidiai ei bod wedi marw.

Trodd gwanwyn yn haf. Gwerthodd Andrew y reiffl aer a defnyddio'r arian i brynu binocwlars i Colin. Drwyddyn nhw, gallai Colin weld cywion bwncathod yn ymestyn eu hadenydd yn eu nyth ar frig y dderwen uchaf yn y goedlan, a cheirw ifanc yn camu'n sigledig wrth ochr eu mamau yn y caeau.

Bob dydd ar ôl ysgol, helpai Colin Mr Roberts yn sesiynau hwyr y feddygfa. Cathod a chŵn oedd yn dod yna gan amlaf gyda'u perchnogion, ond hoff beth Colin oedd cael helpu'r anifeiliaid gwyllt – torllwyth o ddraenogod bach oedd angen eu bwydo â diferwr pitw; jac-do ag adain wedi torri; mwyalchen oedd wedi anafu'i choes, a Colin yn bwydo mwydod iddi am ddau ddiwrnod, yna'n ei gollwng yn rhydd yng ngardd Mr Roberts.

'Well i ti weithio'n galed yn dy wersi gwyddoniaeth pan ei di i'r ysgol uwchradd fis Medi,' meddai Mr Roberts. 'Mi wnei di filfeddyg arbennig o dda.'

Teimlai Colin fod rhan o'i fywyd yn agor allan, fel map mawr, gan ddatgelu pob math o lefydd a chyfeiriadau nad oedd wedi meddwl amdanyn nhw erioed o'r blaen.

Ond er hyn, roedd rhan o'i galon yn drwm, a theimlai'n euog ac yn edifar wrth iddo feddwl am ei walch glas.

Yna, ar ddiwrnod ola'r tymor, cafodd Colin bynctiar wrth fynd i'r ysgol. Gadawodd ei feic tu ôl i glawdd, i'w gasglu ar y ffordd adre, a cherddodd i lawr y bryn i'r ysgol. Gwthiai heulwen y bore drwy ddail y coed ffawydd a bwysai dros y lôn o'r cloddiau. Roedd haid o adar bach, titŵod a ji-bincod, yn gwneud twrw yn y llwyn draenen wen o'i flaen. Gwyddai Colin bellach fod hyn yn arwydd fod aderyn ysglyfaethus gerllaw. Yna gwibiodd aderyn du o'r llwyn ac i lawr y lôn wag o'i flaen. Mewn chwinciad, cipiwyd yr aderyn o'r awyr, ac o fewn hanner eiliad, doedd dim ohono ar ôl ond cwmwl pitw o blu yn troelli tua'r ddaear. Digwyddodd popeth mor sydyn, roedd fel tric hud. Yn yr hen ddyddiau, fyddai Colin ddim wedi sylwi ar hyn. Ond bellach roedd ei synhwyrau'n finiog, yn gweld y bywyd oedd o'i gwmpas ym mhob man. Ac yn yr hanner eiliad y cymerodd hi i'r gwalch glas dasgu o'r llwyn a chipio'i brae, gwelodd Colin y llygaid ffyrnig, gwyllt, ac adnabod y fflach o wyn ar yr adain chwith.

Cododd un bluen ddu o'r ddaear a'i rhoi yn ei boced, yna cerddodd i lawr y bryn, ei galon yn hedfan yn rhydd, fyny fry drwy'r canopi gwyrdd ac allan i'r awyr las, glir.

Nicola Davies

Mae'r awdur Nicola Davies wedi ennill nifer o wobrau, ac ymhlith ei llyfrau i blant mae *The Promise* (Gwobr Llyfrau Green Earth 2015, Rhestr Fer Gwobr CILIP Kate Greenaway 2015), *Tiny* (Gwobr AAAS/Subaru SB&F 2015), *A First Book of Nature, Whale Boy* (Rhestr Fer Gwobr Blue Peter 2014) a chyfres Heroes of the Wild (Gwobr Llyfrau Portsmouth 2014). Graddiodd mewn swoleg, gan astudio morfilod ac ystlumod, ac yna bu'n gweithio i Uned Hanes Natur y BBC. Sylfaen holl weithiau Nicola yw ei chred fod perthynas â natur yn hanfodol i bob person byw, a bod angen inni adnewyddu'r berthynas honno nawr yn fwy nag erioed.

Ymhlith llyfrau plant Graffeg Nicola mae *Perfect* (Rhestr Hir Gwobr CILIP Kate Greenaway 2017), *The Pond* (Rhestr Hir Gwobr CILIP Kate Greenaway 2018), cyfres Shadows and Light, *Animal Surprises, The Word Bird* ac *Into the Blue.* Mae'r tri olaf ar gael gan Graffeg yn Gymraeg: *Rhyfeddol!, Nefoedd yr Adar!* a *Dan y Don.*

Cathy Fisher

Roedd gan Cathy Fisher wyth o frodyr a chwiorydd, a byddai'r plant i gyd yn chwarae yn y caeau'n edrych allan dros ddinas Caerfaddon. Mae wedi bod yn athrawes ac arlunydd drwy ei hoes, yn byw ac yn gweithio ar Ynysoedd y Seychelle ac yn Awstralia am flynyddoedd maith.

Celf yw popeth i Cathy. Pan oedd yn blentyn byddai'n tynnu lluniau ar waliau ei stafell wely, a byth ers hynny mae wedi teimlo bod rhaid iddi beintio a thynnu lluniau o storïau a theimladau sydd angen cael eu clywed a'u mynegi.

Ymhlith ei llyfrau cyntaf i gael eu cyhoeddi gan Graffeg y mae *Perfect*, ac yna *The Pond*, y ddau gan Nicola Davies. Cyrhaeddodd y ddwy gyfrol Restr Hir Gwobr CILIP Kate Greenaway, ac mae'r ddwy (*Perffaith* ac *Y Pwll*) ar gael gan Graffeg yn Gymraeg.

Fyny Fry
Cyhoeddwyd yn 2023 gan Graffeg Cyf.

Cyhoeddwyd yn wreiddiol gan Graffeg yn 2018 dan y teitl *Flying Free*.

Addasiad gan Anwen Pierce.

Graffeg Cyf., 24 Canolfan Fusnes Parc y Strade, Ffordd Mwrwg, Llangennech, SA14 8YP, Cymru, DU. Ffôn 01554 824000 www.graffeg.com

Mae cofnod catalog CIP ar gyfer y llyfr hwn ar gael o'r Llyfrgell Brydeinig.

Mae'r cyhoeddwr yn cydnabod cefnogaeth ariannol Cyngor Llyfrau Cymru.
www.gwales.com

ISBN 9781802583649

1 2 3 4 5 6 7 8 9

Argraffwyd yn Tsieina TT270323

FSC www.fsc.org
MIX
Paper | Supporting responsible forestry
FSC® C016973